# Das große Buch der GEFÜHLE

Illustrationen von Alessandra Manfredi
Texte von Chiara Piroddi

WS Kids
WHITE STAR KIDS

# INHALT


IN DER WELT DER GEFÜHLE! Seite 4

TRAURIGKEIT Seite 6

FREUDE Seite 12

WUT Seite 18

ANGST Seite 24
EKEL Seite 30
SCHAM Seite 36
STAUNEN Seite 42

# IN DER WELT DER GEFÜHLE!

Hast du schon einmal erlebt, wie heißes Blut in deine Wangen schießt und du knallrot im Gesicht wirst? Oder hat dein Herz schon einmal so schnell geschlagen wie ein Trommelwirbel?
SO ETWAS PASSIERT MIR STÄNDIG! AM ANFANG HAT ES MIR AUCH RICHTIG ANGST GEMACHT.
„Hilfe, was ist bloß mit meinem Körper los?", fragte ich mich dann. Erst allmählich begriff ich, dass das nur meine kleinen Freunde waren, die mir da zu Hilfe kamen: MEINE GEFÜHLE!

WEISST DU EIGENTLICH, WAS GEFÜHLE SIND?
IN DIESEM BUCH WERDE ICH VERSUCHEN, SIE DIR ZU VORZUSTELLEN.

Ich werde davon erzählen, wie ANGST mir half, bösen Träumen zu entkommen, oder EKEL mich davor bewahrte, unreife, giftige Früchte zu essen. Ich werde dir zeigen, wie klein TRAURIGKEIT sein kann oder wie man der verlegenen SCHAM mit einem Lachen begegnen kann. Außerdem werde ich dich spüren lassen, welche Energie FREUDE hat oder wie man mit WUT umgeht. Auf den ersten Blick mag sie ungezogen erscheinen, aber in Wirklichkeit ist sie nur ein wenig hitzköpfig und will dich beschützen. Zum Schluss werde ich dir noch zeigen, wie das kluge STAUNEN plötzlich erscheint und ebenso schnell wieder verschwindet, ohne sich jemals festhalten zu lassen. Eigentlich haben sie ALLE EINEN GUTEN CHARAKTER! Seite für Seite werde ich dir die kleinen Freunde, die in deinem Herzen wohnen, näherbringen. Am Ende unserer gemeinsamen Reise wirst AUCH DU WISSEN, WIE SIE SICH ANKÜNDIGEN, UND IM LAUFE DER ZEIT LERNEN, SIE UNTER KONTROLLE ZU HALTEN, wenn sie es zu toll treiben ... So kannst du gemeinsam mit ihnen deinen Alltag bewusster erleben.

ALSO, WENN DU BEREIT BIST, GIB MIR DEINE HAND UND HALTE DICH GUT FEST!
WIR TAUCHEN JETZT EIN IN DIE WELT DER GEFÜHLE!

Ach ja, entschuldige bitte, ich habe ganz vergessen, mich vorzustellen! Ich heiße Bea! Und wer bist Du?

# TRAURIGKEIT

„Dieses Jahr würde ich den größten Schneemann der Welt bauen!", seufzte Bea. „Stattdessen muss ich hier allein herumhocken und dabei zusehen, wie die anderen Kinder Spaß haben. Nur weil ich erkältet bin." Sie lehnte ihre Stirn an das Fenster und kämpfte gegen ihre Tränen. „Meine Eltern hätten mich die Unglückliche nennen sollen und nicht Bea, die GLÜCKLICHE." Sie schloss ihre Augen und hoffte, der frostige und bedrückende Stein, der sich in ihr breit machte, würde verschwinden. „Brrr! Ist das kalt!", rief sie aus und schlang ihre Arme um die Beine. Leichte Frostschauer krochen von ihren fast gefühllosen Füßen hoch, würden bald ihren Kopf erreichen und jeden fröhlichen Gedanken einfrieren.

Sie verbarg den Kopf zwischen ihren Knien. „Oh je! Das ist alles meine Schuld!", rief die EISIG-BLAUE TRAURIGKEIT. „Es tut mir wirklich leid, aber ich konnte deine Worte einfach nicht überhören", gestand sie und kam näher. Bea fühlte einen riesigen Kloß in ihrer Kehle. Ihre Brust war wie eingeschnürt. Sie war einfach nicht imstande zu antworten. „Nun geht's wieder los! Du fängst an zu weinen. Deine TRÄNEN werden dich an trübe Orte spülen, wo du dich einsam und unverstanden fühlst", sagte TRAURIGKEIT, als sie sich auf die Schulter ihrer kleinen Freundin setzte. „DU WIEGST SO SCHWER, TRAURIGKEIT!", erwiderte Bea. Ihre Arme baumelten leblos herunter und ihre Beine fühlten sich kraftlos an. Die Zeit schien stillzustehen.

Bea begann zu weinen. Sie schluchzte so sehr, dass sie ihr Gleichgewicht verlor und von der Fensterbank rutschte. TRAURIGKEIT fiel ihr dabei von den Schultern. BEA HÖRTE AUF ZU WEINEN und öffnete die Augen. Sie blickte sich um, sah ihre Bilder an der Wand und ihr Kästchen mit den Pinseln auf dem Bücherregal. „Aber natürlich", rief sie und sprang blitzartig auf. „TRAURIGKEIT, DU VERBREITEST IMMER SO SCHLECHTE STIMMUNG! Wir waren so sehr mit dem beschäftigt, was wir vermissen, dass wir ganz vergessen haben, was es alles Interessantes um uns herum gibt. Los! Wir werden jetzt den größten Schneemann der Welt malen!" Und schon lief sie zu ihrer Mutter und erzählte ihr von ihrer tollen Idee. TRAURIGKEIT hingegen BEWEGTE SICH NICHT von der Stelle. „Zum Glück habe ich nicht allzu viel Schaden angerichtet", sagte sie sich und war beruhigt, ihre Freundin in den Händen eines besseren Gefühls zu wissen. SIE MACHTE SICH GANZ KLEIN und verzog sich auf ihren angestammten Platz IN BEAS HERZ.

# FREUDE

„Wow, das sind aber viele!", rief Bea, als sie ihre Zimmertür öffnete. Überall lagen Geschenke herum! „Das wird der schönste Geburtstag, den die Welt, nein, das ganze Universum je gesehen hat!", freute sie sich und drehte sich im Kreis. LEICHT wie eine Feder und MIT EINEM REGENBOGEN IM HERZEN tanzte Bea vergnügt in ihrem Zimmer herum. In ihrem Gesicht erstrahlte EIN BREITES LÄCHELN und ihre Arme schlugen wie die Flügel eines Vogels durch die Luft. Plötzlich erblickte sie ein besonders großes Geschenk. Es stammte von ihren Großeltern. „Worauf wartest du eigentlich?", fragte FREUDE aufgeregt.

FREUDE SPRANG IN DIE HÖHE, WIRBELTE herum und drehte sich WIE EIN KREISEL durch das Zimmer. „Vielleicht ist es ja ein Flugzeug", versuchte sie zu raten. „Oder vielleicht ein ... ich weiß, ich weiß ... ein Heißluftballon!" Bea brach in schallendes Gelächter aus. In ihrem Bauch kribbelte es. Ungeduldig zerriss sie das Geschenkpapier und ... „Ich glaub's ja nicht!", riefen Bea und FREUDE gleichzeitig. EINE WAHRE FARBEXPLOSION strömte aus ihrem Herzen. „Brrrr, ich zittere vor Glück", rief Freude. „Und ich bekomme Gänsehaut", antwortete Bea. Sie glaubte, ein Feuerwerk zu hören. „Es ist genau das Fahrrad, dass ich mir schon immer gewünscht habe", rief sie und klatschte begeistert in die Hände!

„Damit können wir überall hinfahren. Die Hügel rauf und runter, durch den Park. Wir werden so schnell sein, dass uns alle in der Schule ‚Rakete' nennen werden", frohlockte FREUDE und sprang auf den Sattel. „Vorsicht, die Rakete kommt!", jauchzte Bea begeistert. Mit einem SCHAUDER FREUDIGER ERREGUNG stieg sie ebenfalls auf das Rad und fühlte sich so, als würde sie tatsächlich durch die Straßen der Stadt sausen. Sie fuhr ins Wohnzimmer, um ihre Großeltern zu suchen, stieg ab und stürzte in ihre Arme. Sie UMARMTE SIE, SO FEST SIE KONNTE. Sie wunderte sich, dass ihre Großeltern immer ihre Wünsche errieten. „Meine Großeltern sind super", dachte sie. „Vielen Dank!", rief sie. Ihre Stimme war vom vielen Jubeln schon ganz heiser. Sie war so unendlich dankbar. Auch FREUDE war ergriffen und betrachtete ihre Freundin. Bea spürte, wie ihr Freudentränen in die Augen schossen.

„Ja gut, WENN ICH AUFGEREGT BIN, KREISCHE ICH SCHON MAL EIN WENIG, MANCHMAL!", gab FREUDE zu und errötete leicht. LÄCHELND UND EIN BISSCHEN MÜDE VON DEM VIELEN FREUEN blinzelte FREUDE ihrer Freundin zu und kehrte auf ihren Platz in Beas Herz zurück.

# WUT

Bea traute ihren Augen nicht. Die Jungen der anderen Mannschaft mogelten. „Hallo? Das ist doch nicht fair!", dachte sie. Ihre großen Augen waren unter den Schatten ihrer gerunzelten Augenbrauen kaum noch zu sehen. „Darum also gewinne ich nie. Und ich dachte, ich wäre zu dumm, um Verstecken zu spielen!" Bea bebte innerlich. Sie spürte DIE ANSPANNUNG IN IHREN BEINEN und war kurz davor, sich auf ihre Feinde zu stürzen. Sie begann zu schwitzen und KLOPFTE MIT EINEM FUSS UNGEDULDIG AUF DEN BODEN. Ihr Verstand taumelte zwischen Rachegelüsten und ruhigeren Gedanken hin und her wie ein Boot auf stürmischer See. „GRRR! GRRR!", dröhnte es in Beas Ohren. Sie versuchte mit aller Kraft, das Donnern in ihrem Inneren zu besänftigen. SIE SPANNTE IHREN KIEFER SO STARK AN, dass ihre Zähne knirschten. Aber das Dröhnen wollte nicht nachlassen, im Gegenteil, es wurde noch hartnäckiger. Sie ballte ihre Hände zu Fäusten und rang nach Luft. „Es reicht!", rief die FEUERROTE WUT grimmig wie ein Tropensturm. Sie blies sich so heftig auf, dass Beas Haare zu Berge standen.

Alle kleinen Vögel im Garten wurden von den Bäumen geweht. „Jetzt zeige ich es euch. Ihr wollt euch wohl lustig über mich machen?", fauchte WUT mit erhobenen Armen und zeigte ihre Muskeln. Ein AUSBRECHENDER VULKAN wäre weniger laut gewesen. Sie war bereit, sich in den Kampf zu stürzen, Blätter, Zweige und Wurzeln auszureißen, Felsbrocken zu bewegen und ALLES ZU ZERSTÖREN, WAS SICH IHR IN DEN WEG STELLTE. „Schluss jetzt!" Bea hielt sie am Arm fest. „Hör auf! Beruhige dich! Hast du vergessen, was Mama immer sagt? Wir sollen bis 10 zählen und dann warten."

Aber WUT war zu erregt, um auf ihre Freundin zu hören. Sie versuchte sich zu befreien. „Lass mich los! Ich muss gehen und diesen kleinen Betrügern eine Lektion erteilen", keifte sie.

Bea begriff, dass dies alles nur schlimmer machen würde. „Ich zähle jetzt bis 10 und werde dann gehen! EINS, ZWEI, DREI ...", und während sie leise weiterzählte, trat sie aus dem Gebüsch, ging zu einem Baum und setzte sich darunter. „Das war verdammt anstrengend", seufzte sie und stieß die letzten Rauchwolken des nun erloschenen Feuers aus.

WUT FIEL IN SICH ZUSAMMEN.

„Ich weiß, dass du mich nur beschützen wolltest", sagte Bea zu ihr. Aber das Einzige, was man mit denen tun kann, die nicht wissen, wie man spielt, ist, nicht mehr mit ihnen zu spielen."

Sie entdeckte ein paar Steinchen auf dem Boden und begann, einen Turm zu bauen. Während sie sich darauf konzentrierte, BERUHIGTE sie sich allmählich. Und WUT, die noch immer ein wenig rauchte, zog sich auf ihren Platz in Beas Herz zurück.

# ANGST

„Hier gefällt es mir überhaupt nicht“, flüsterte Bea. Alles um sie herum war so fremd. Wer hatte plötzlich das Licht ausgemacht? Es gab immer weniger Bäume und Häuser und der Weg schien direkt bei ihr zu enden. Sie drehte sich um und erschrak: Die Dunkelheit kam auf sie zu und drohte, sie in ihren finsteren Mantel einzuhüllen.

„Bitte nicht! Wie soll ich nur je wieder nach Hause finden?“, stöhnte Bea verzweifelt. Ein riesiger Eisblock lag schwer auf ihrer Brust. IHRE HÄNDE BEGANNEN ZU ZITTERN. Sie musste einen Ausweg finden, aber ihre Gedanken überschlugen sich. Schwitzend verschränkte Bea die Arme über IHRER BEBENDEN BRUST.

„B ... B ... Bea, ... wir sind in großen Schwierigkeiten“, stammelte ANGST. Kleinlaut und steingrau zog sie am Pyjama ihrer Freundin. „Die Dunkelheit wird uns verschlingen!“

„Ba-Bum, Ba-Bum“ – Beas Herz raste. „Niemand wird uns hören!“, beharrte ANGST und wurde ständig größer. IHRE ZÄHNE KLAPPERTEN SO LAUT, dass sie kilometerweit zu hören waren.

„Ich glaube, ich muss mal Pipi“, flüsterte sie. „Ausgerechnet jetzt?“, schrie Bea.

„Tut mir leid, ich fürchte mich so sehr! Wir sind verloren!“, antwortete ANGST, die inzwischen im Vergleich zu ihrer Freundin eine Riesin war.

„Bald werden die Nachtmonster erscheinen! Vampire, Werwölfe, Geister! Ich sehe schon ihre Reißzähne, ihre scharfen Klauen ...“

„Halt die Klappe!“, kreischte Bea. „Lass mich lieber nachdenken, wie wir hier wieder herauskommen!“ Sie atmete tief ein.

„Bea, was würde Mama uns in diesem Moment raten?“, fragte ANGST. Bea sah auf und hatte eine Idee.

„Wozu haben wir Beine? Also los, ANGST! LAUF!“,schrie sie, so laut sie nur konnte.

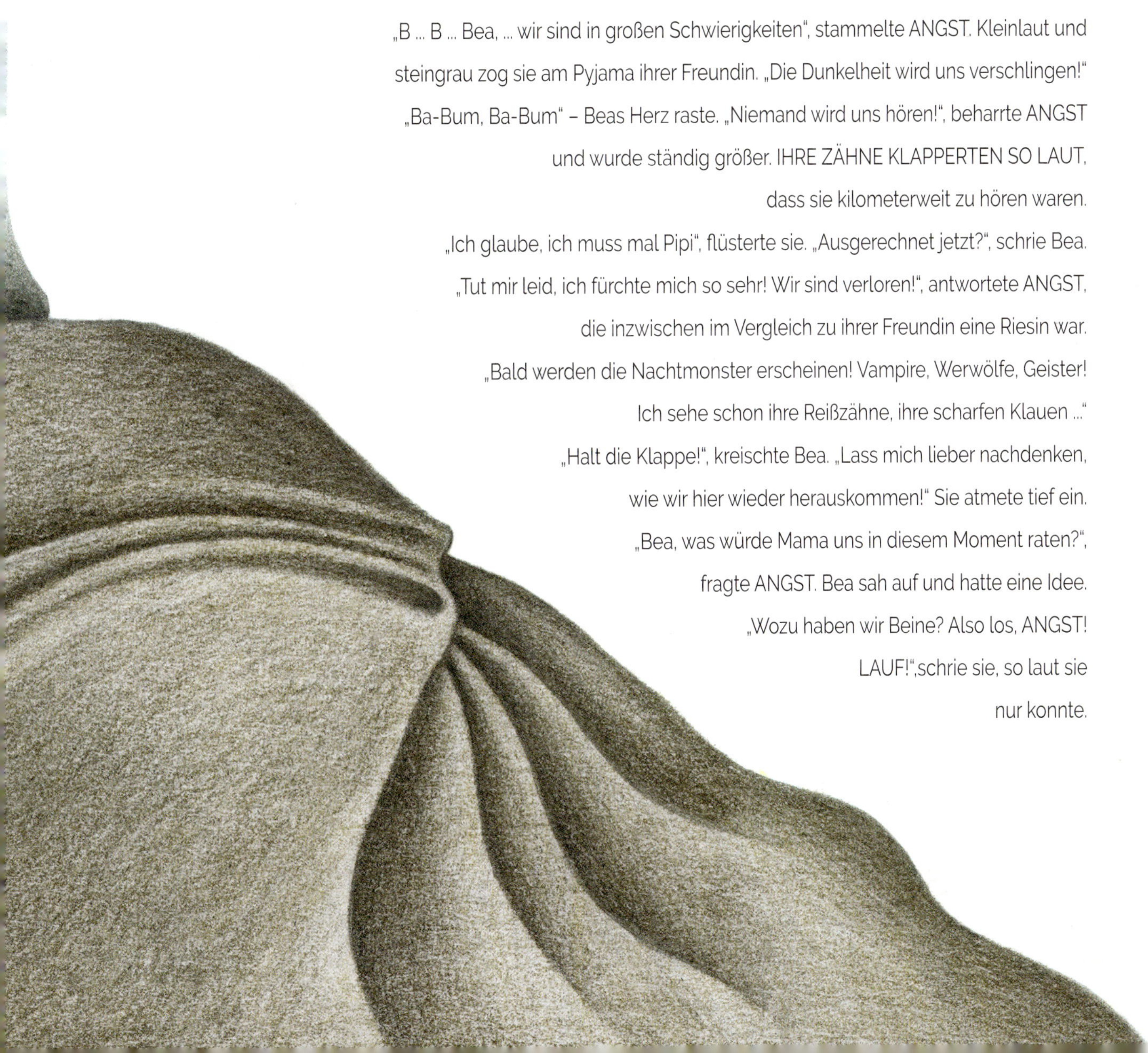

ANGST und Bea rannten los, ohne sich auch nur ein einziges Mal umzusehen. Je länger sie liefen, DESTO KLEINER WURDE ANGST, während BEA WIEDER GRÖSSER WURDE. Durch die körperliche Anstrengung spürte sie ihre starken Muskeln und erinnerte sich daran, dass sie sich auf ihre kräftigen Beine, zuverlässigen Füße, geraden Schultern, zupackenden Hände und ihren scharfen Verstand verlassen konnte.
Endlich sah sie ein Licht in der Ferne. „Wir sind da! Wir haben es geschafft!“
Lachend drehte sie sich zu ANGST um und freute sich schon auf ihr erstauntes Gesicht, aber ihre Freundin war wieder klein und kaum noch zu sehen. Bea öffnete die Augen: SIE WAR DEM BÖSEN TRAUM ENTFLOHEN! Ihre Mutter saß neben ihr auf dem Bett, betrachtete sie liebevoll und streichelte ihr übers Haar.
Bea erblickte DIE KLEINE ANGST VÖLLIG VERSCHWITZT in einer Zimmerecke. Sie lächelte ihre Freundin an. Ohne sie wäre sie gar nicht auf die Idee gekommen, einfach loszurennen.
Bea schmiegte sich in die Arme ihrer Mutter. Das tat ihr jetzt richtig gut.

# EKEL

„Hmm, die sehen wirklich lecker aus", dachte Bea, als sie an einem Strauch in ihrem Garten einige grüne Beeren entdeckte. „Großmutter sagt immer, man solle sie erst essen, wenn sie rot sind. Doch wie mögen sie wohl jetzt schmecken? Sauer wie Limonen oder vielleicht süß wie reife Trauben?" Bea konnte einfach nicht widerstehen, sie war einfach zu hungrig! Ihr Magen knurrte und das Wasser lief ihr im Mund zusammen. Sie stopfte drei kleine Beeren auf einmal in den Mund, schloss die Augen und wartete auf den Geschmack.

„IGITT!"

Bea riss die Augen weit auf, wurde aschfahl und schnappte nach Luft. Plötzlich erschien EKEL, GRÜN UND ABSTOSSEND. Bea überfiel ein Brechreiz. Sogar ihre Haut wollte diesen widerlichen Geschmack loswerden. „Pfui Teufel ... ich bekomme eine Gänsehaut! Die sind ja unerträglich sauer", rief sie und musste immer wieder ausspucken. „Du glaubst gar nicht, wie viel Ärger du ohne mich hättest!", schimpfte EKEL mit ihr. Er sah sich die Beeren näher an, damit sie diesen Fehler nicht noch einmal machte. „Es tut mit leid, ich war einfach zu neugierig", versuchte Bea sich zu rechtfertigen.

Chocop

„Du musst erst daran riechen, bevor du etwas isst", belehrte EKEL sie. „Was glaubst du, wozu du eine Nase hast? Und eine Zunge? Glaubst du etwa, nur zum reden? Nein, meine Liebe, du musst vor dem Essen alles PROBIEREN."

Verärgert und enttäuscht ging sie ins Haus und suchte in der Küche nach etwas richtig Süßem, um den schrecklichen Geschmack in ihrem Mund loszuwerden. Aber ihr Magen traute ihr nicht mehr und sandte ihr ein Gefühl der Übelkeit, damit sie nichts Schlechtes aß. Schließlich entschied sie sich für Schokoladenmüsli.

Zuerst betrachtete sie es mit leichtem Misstrauen und dachte an EKELS Worte. Schließlich aber begann sie gierig zu essen und versuchte, ihre schlimme Erfahrung zu vergessen. EKEL sah, dass er gute Arbeit geleistet hatte. Also zog er sich mitsamt seiner nervenden Besserwisserei auf seinen Platz in Beas Herz zurück.

# SCHAM

„Aufgepasst, meine Damen und Herren, ich möchte Ihnen jetzt einen einzigartigen Sprung vorführen", scherzte Bea, während sie mit ihren Freunden durch die Pfützen stapfte. Sie nahm Anlauf zu einem riesigen Satz und ... platsch! Sie rutschte aus und landete mitten in der Pfütze. Autsch! Das Gelächter ihrer Freunde war ohrenbetäubend und traf sie wie ein Schlag in ihren Bauch! Sie hatte das Gefühl, ALLES UND JEDER LACHE SIE AUS: die Blätter, die Bäume, die Pflastersteine, die Vögel, die Ameisen. Sie saß wie erstarrt da und schloss ihre Augen. Ihr Gesicht wurde ganz heiß und IHRE WANGEN FEUERROT.

„Psst! Sag jetzt nichts!", flüsterte SCHAM und lugte verstohlen und mit ebenso geröteten Wangen aus einer Ecke. „Halte deine Augen bloß geschlossen! Alle starren dich an! Das ist so peinlich!", sagte sie und ZITTERTE VOR AUFREGUNG. Bea fühlte sich wie in einer Falle. Egal, was sie jetzt täte, es würde die Situation nur verschlimmern.

Sie versuchte aufzustehen. „Bleib sitzen! Alle werden dich noch mehr auslachen, sobald sie dich sehen!", rief SCHAM besorgt aus. Irgendein Zauber musste her, um ihre Freundin unsichtbar zu machen. Bea ließ SCHULTERN UND KOPF SINKEN. SIE FRÖSTELTE. SCHAM aber ließ nicht locker: „Wir können uns nirgends mehr sehen lassen, weder in der Schule noch beim Karatetraining oder im Park! Alle werden uns auslachen!" Beas Herz pochte beängstigend schnell. „Ich würde am liebsten weinen, SCHAM!", schluchzte sie. „Denk gar nicht erst daran! Willst du alles noch schlimmer machen?", schimpfte SCHAM. „Weißt du eigentlich, wie du aussiehst? Wie ein ... ein Leopard." SCHAM konnte sich nicht mehr zurückhalten und BRACH IN GELÄCHTER AUS. „Haha, du siehst wirklich komisch aus!" Bea spürte, dass sie wieder atmen konnte. Die SPANNUNG WICH AUS IHREN MUSKELN. Schließlich stand sie auf und rief: „Mein Gott, ich sehe ja aus wie ein Schlamm-Mensch!" Im Nu verwandelten sich alle um sie herum in fröhlich lachende Kinder. Sie dachte an ihren Sturz, an ihren Flug durch die Luft und fand das alles jetzt auch richtig lustig! SCHAM schämte sich nicht mehr und lachte ebenfalls. Noch immer vergnügt kehrte sie nach getaner Arbeit AUF IHREN PLATZ IN BEAS HERZ ZURÜCK.

# STAUNEN

„Zum Glück ist heute schulfrei, und die Sonne scheint. Das wird ein wunderbarer Tag!", dachte Bea und setzte ihren Spaziergang unter Kastanienzweigen und über große Eichenwurzeln fort. Der Wald befand sich direkt hinter ihrem Haus. Sie blieb stehen, um ihre Schnürsenkel zu binden. Als sie wieder aufblickte ... „Ooooh", rief STAUNEN, lief PLÖTZLICH los und durchfuhr wie EIN KLEINER ELEKTRISCHER SCHLAG Beas gesamten Körper. In Beas Magen flatterten Schmetterlinge umher. Ihr stockte der Atem. Sie fasste sich an die Kehle. Ihre Stimmbänder vibrierten, ohne dass ein Laut ertönte, ihre Augenbrauen wölbten sich zu weiten Bögen in die Höhe und ihre Augen funkelten vor VERWUNDERUNG. Die gesamte Natur schien sich in Ehrfurcht zu verbeugen vor der Anmut und Eleganz dieser niedlichen kleinen Nase, die plötzlich vor Bea auftauchte.

Ein echtes Reh! Es geschieht nur ein Mal im Leben, dass man einem Reh so nahe kommt.
„Wow!", entschlüpfte es Beas Mund, der so rund war, dass ein Tischtennisball hineingepasst hätte. Sie ließ einen langen Atemzug entweichen, der ihren Körper aus STAUNENS elektrisierender Umarmung löste. „Warte! Bleibe noch einen kleinen Augenblick!", flüsterte Bea ihrem kleinen Freund zu. Aber es war schon zu spät. Sie wusste genau, das STAUNEN DAFÜR BEKANNT WAR, SCHNELL AUFZUTAUCHEN UND EBENSO SCHNELL WIEDER ZU VERSCHWINDEN, um für einen anderen ihrer kleinen Freunde Platz zu machen.
Wieder allein sah sie dem Reh, das neugierig an ihr schnüffelte, in die Augen. „Es scheint zahm zu sein", dachte sie. Ihr Mund entspannte sich und sie lächelte. Ihr Herz aber schlug noch immer Purzelbäume.

Bea erkannte sie sofort, als sie herankam: Es war FREUDE. Mittlerweile hatte Bea gelernt, die Zeichen ihrer schmunzelnden Freundin zu erkennen und sie von denen der verhängnisvollen TRAURIGKEIT, der spontanen WUT, der verlegenen SCHAM, des aufdringlichen EKELS, der unbeholfenen ANGST und wie in diesem Fall, dem schwer fassbaren STAUNEN zu unterscheiden. Bea hatte verstanden, dass jeder dieser Freunde wichtig für sie war und so hatte sie für jeden von ihnen eine Nische in ihrem Herzen reserviert.

EINE WUNDERBARE FREUNDSCHAFT WAR GEBOREN.

CHIARA PIRODDI

Die italienische Psychologin und Expertin für Neuropsychologie ist auf kognitive Entwicklungspsychologie spezialisiert. Chiara Piroddi machte 2007 ihren Abschluss in Psychologie an der Universität Pavia und arbeitete dort anschließend als Dozentin für Physiologische Psychologie und Ausbilderin für praktische Übungen der Neuropsychologie. Sie praktizierte seit 2008 auf diesem Gebiet am Niguarda Ca' Granda Krankenhaus in Mailand und sammelte klinische Erfahrungen mit Kindern jeden Alters, die unter schweren Lernbehinderungen litten. Gegenwärtig leitet Chiara Piroddi eine private Praxis als Psychotherapeutin für Erwachsene, Kinder und Jugendliche. Sie ist Autorin und Co-Autorin einer Vielzahl von Publikationen über Neuropsychologie und hat bei White Star Kids unter dem Titel „Montessori, eine Welt der Weiterentwicklung" eine Buchreihe herausgegeben.

ALESSANDRA MANFREDI

In den Marken geboren, hat Alessandra Manfredi Mailand zu ihrer Wahlheimat erkoren. Sie arbeitet freiberuflich als Grafikdesignerin und Illustratorin. Als studierte Kunstrestauratorin der Universität Urbino besuchte sie die Scuola Arte & Messaggio in Mailand sowie verschiedene Kurse an der S. Zavřel International School of Illustration in Sarmede, Treviso. Hauptsächlich illustriert sie Alben für Tonträger und nimmt an Ausstellungen und Wettbewerben in Italien und im Ausland teil.

WS Kids
WHITE STAR KIDS

White Star Kids® ist eine eingetragene Marke von White Star s.r.l.



Piazzale Luigi Cadorna, 6
20123 Mailand, Italien
www.whitestar.it

Übersetzung: Annette Ostlaender
Lektorat: Beate Bücheleres-Rieppel



ISBN 978-88-6312-416-3
2 3 4 5 6    24 23 22 21 20

Gedruckt in Polen